laure manaudou

Nocibé

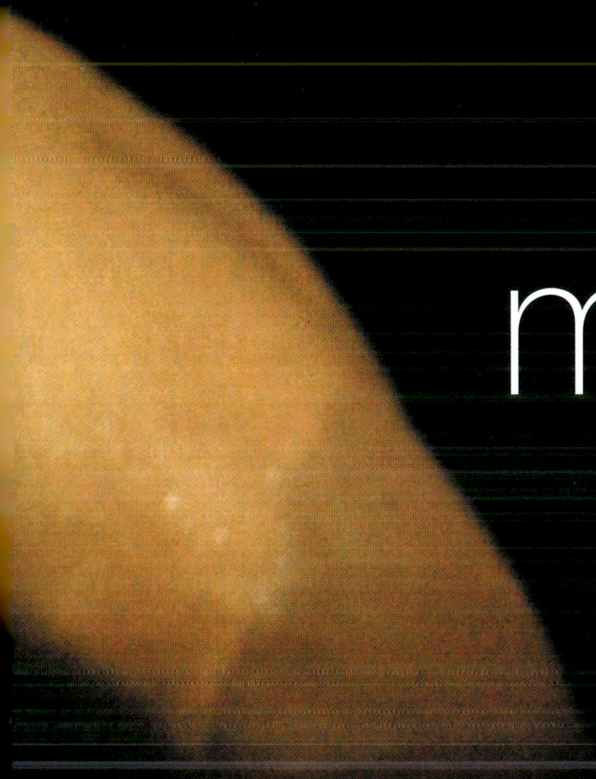

laure manaudou

PRÉFACE **CHRISTINE CARON** TEXTE **ALAIN BILLOUIN**

SOLAR

Mexico, 1968 :
Christine Caron à son deuxième
rendez-vous olympique.

Préface par Christine Caron

Chaque médaille est le prix d'une souffrance

Le 14 octobre 1964, dans le bassin de Tokyo, j'ai manqué la médaille d'or du 100 m dos pour deux centièmes de seconde derrière l'Américaine Cathy Ferguson. Deux centièmes, l'espace d'une main ! Sans cette Américaine, j'aurais été la première nageuse française championne olympique. Quand Laure a enlevé le 400 m olympique d'Athènes, le 15 août 2004, j'étais sincèrement très heureuse pour elle et pour la natation française.

En 1964, à 16 ans et trois mois, un an de moins que Laure à Athènes, j'étais une gamine de Montrouge à la découverte du monde. Les gamines d'aujourd'hui sont plus mûres que je ne l'étais alors. C'est une évolution de la vie. J'ai partagé la joie olympique de Laure avec une émotion qui me rajeunissait. Je m'entraînais quatre heures par jour. C'était indispensable. Laure suit un régime aussi terrible. C'est le prix à payer pour figurer au plus haut niveau. Une nageuse qui monte sur un podium, à n'importe quelle place, symbolise l'aboutissement d'une préparation intense et d'une course parfaitement menée.

Bien sûr, la récompense au bout de ces efforts que l'on s'impose dépasse l'imagination. Elle se savoure autant qu'elle se mérite. Chaque médaille est, en gros, le prix d'une souffrance. Pour mériter tout trophée, tout relâchement est interdit.

Présidente de la Section Natation
Lagardère Paris Racing

ATHENS 2004
arena
LAURE

"CHAMPIONNE OLYMPIQUE ! J'AI BESOIN DE TEMPS POUR PRENDRE CONSCIENCE DE CE QUE JE VIENS DE RÉUSSIR."

Athènes
la féerie olympique

Le sacre d'une reine

Un nom joli et doux comme Manaudou. Un prénom, Laure, qui rime magnifiquement avec l'or. Une si belle histoire qui a trouvé sa source du côté d'Ambérieu…

Et voici Athènes le 15 août 2004. Il est bientôt 20 h 51. Finale olympique du 400 m dames. Laure Manaudou, 17 ans et demi, pourra-t-elle devenir la première Française championne olympique en natation ? Réussira-t-elle ce que Christine Caron avait raté d'un souffle à Tokyo en 1964, et Roxana Maracineanu, son idole, à Sydney en 2000 ?…

Son cœur cogne légèrement dans sa poitrine. Laure n'est pas tétanisée par l'enjeu. Elle a évacué le stress en écoutant sur son walkman la musique de *Gladiator*. Elle est au zénith de sa forme. Les championnats d'Europe, déjà en mai, à Madrid l'ont propulsée sur le devant de la scène avec sa rafale de titres européens au 400 m, 100 m dos et 4 x 100 m 4 nages.

Sa confiance est montée d'un cran après les séries du matin : meilleur temps et record de France en 4'6"76. Devant son plot à la ligne 4, la haute et belle silhouette de Laure (1,80 m) se détache, impériale. Elle est idéalement placée pour tenir ses promesses avec, à côté d'elle, la Polonaise Jedrzejczak à la 5 et la Roumaine Potec à la 3. Laure est sensible, mais avant tout une gagneuse. Son plan : mettre d'entrée une pression d'enfer sur ses rivales. Et elle s'élance pour s'installer en tête avec sa technique spéciale du battement de jambes en deux temps « à l'ancienne ». Elle passe au 200 m en 2'1"38 avec 76 centièmes d'avance sur les temps du record du monde de Janet Evans ! Ensuite, il lui faut résister à tout prix à des rivales ayant a priori un meilleur finish. Mais Laure est sublime. Elle se surpasse magnifiquement. Elle touche triomphalement le mur sous les acclamations folles du public : « Pendant toute la course, j'ai pensé que j'allais gagner », avouera-t-elle.

Championne olympique ! Record d'Europe en 4'5"34. Les drapeaux tricolores tournoient dans les gradins. Sa tête aussi tourne. Elle donne l'impression d'être coupée du monde. Puis un sourire magnifique éclaire son visage. Laure réalise qu'elle a été caressée par cette grâce que seuls les JO offrent à leurs héros. Moment d'extase. Comme un baiser échangé. Une promesse d'éternité…

Toute la France est en fête le 15 août 2004 à l'heure des JO d'Athènes. Laure Manaudou, la jeune nageuse d'Ambérieu, est championne olympique du 400 m en 4'5"34. Première médaille d'or en natation aux JO depuis Jean Boiteux en 1952. Elle va devenir la championne préférée des Français.

arena

adidas
FRANCE

Seule au monde

Oui, elle est bien championne olympique ! La première Française en or ! Laure qui n'a que 17 ans et demi entre dans la légende à Athènes, capitale des divinités grecques !

Tout s'est passé finalement comme dans un rêve. La natation française – plus d'un demi-siècle après Jean Boiteux à Helsinki dans les jeux Olympiques 1952 – attendait ce moment !

Avant la cérémonie du podium, Laure en est encore toute chamboulée. Les images se télescopent dans sa tête. Elle se laisse envahir par une douce euphorie. Sans rien laisser paraître. Comme à son habitude. En sortant du bassin, elle a tout de même brandi ses deux bras en direction du clan tricolore rassemblé dans la tribune. Maintenant, c'est aussi l'heure du recueillement. Elle pense à son père Jean-Luc, à sa maman Olga, à ses deux frères Nicolas, 18 ans et demi, et Florent, 13 ans, tous restés autour de la télévision dans la maison familiale de Villieu-Loyes-Mollon près d'Ambérieu-en-Bugey.

Une pensée émue aussi pour son petit copain Julien, maître nageur à Orcières-Merlette, qui lui a offert avant de partir un ours en peluche. Elle arborait un tee-shirt « Pour Julien » avant la finale. Et puis comment ne pas être reconnaissante envers Philippe Lucas. Il avait dit : « Il faut partir vite. Il faut que tu nages en 4'5". Rentre-leur dedans ! » Elle a réussi 4'5"34 pour décrocher l'or. Record d'Europe, quatrième temps mondial absolu. Philippe ne s'est jamais trompé depuis trois ans qu'elle est sous sa coupe au Cercle des Nageurs de Melun. Mais n'a-t-il pas trouvé que quelque chose a cloché dans sa course ?

Il était tellement confiant qu'il lui avait aussi conseillé de peindre ses ongles en tricolore. « Bravo, Laure, lui a-t-il lancé. Contrat rempli ! » Elle disputait le cinquième 400 m de sa carrière. Et Laure a jonglé avec ses trois adversaires : la Polonaise Otylia Jedrzejczak, l'Américaine Kaitlin Sandeno et la Roumaine Camelia Potec. Elle a mené son 400 m de bout en bout. Maintenant qu'elle a atteint son Everest, son existence change du tout au tout. Ce serait super si l'onde de choc pouvait se prolonger encore quatre ans, dans le temps et l'espace, jusqu'à l'échéance olympique 2008 à Pékin !

La vie en rose... et bleu

Depuis vingt-quatre heures, Laure est aux anges et contemple, ravie, comme un cadeau somptueux cette médaille d'or olympique qui scintille sous ses yeux.
Elle est émue aussi par tous les témoignages affectueux qui ont afflué de France. Pourtant, pas question de souffler car son odyssée grecque se poursuit. Dès le lendemain du couronnement au 400 m, le 100 m dos est au programme en attendant le 800 m pour vendredi.
Là encore, il faudra essayer de tenir ses promesses, tenter de répondre positivement à la nouvelle ferveur suscitée par l'exploit de la veille. Heureusement, le « hussard » Philippe Lucas veille pour éviter que Laure ne subisse le contrecoup d'un possible relâchement. Grâce à lui, la petite nageuse timide qui avait fait ses premières armes à Ambérieu – entre 6 et 14 ans – s'est clairement transformée en « croqueuse de médailles », en conquérante très « punchy ». Laure veut se relancer dans le 100 m dos, sa discipline préférée. Aux championnats de France, en 2001, à Chamalières, elle avait terminé juste derrière Roxana Maracineanu, son modèle. Maintenant, c'est elle la numéro 1 en France et elle voudrait prolonger l'embellie à Athènes : « Que ça continue ! Gagner encore et battre des records ! En évitant de perdre la tête », dit-elle. Mais, en ce lundi 16 août, aura-t-elle récupéré des quatre courses de la veille ?
Une certitude concernant cette nouvelle finale, l'Américaine Natalie Coughlin semble intouchable. Laure tente néanmoins de s'appliquer dans ses coulées. Après un départ bien moyen, mais dans un style magnifique, elle se bat de tout son cœur et accroche superbement la 3e place en 1'0"88 derrière Natalie Coughlin, 1'0"37 et la Zimbabwéenne Kirsty Coventry, 1'0"50. Nouveau podium olympique pour Laure ! Juste une petite déception : elle n'a pas battu son record de France. Mais, grâce à cette deuxième levée olympique, elle a rejoint encore Jean Boiteux dans l'Histoire (2 médailles à Helsinki en 1952). Et le banco continue !

Après son triomphe au 400 m, Laure s'élance sur 100 m dos à la conquête d'un nouveau podium. Médaille de bronze en vue après une lutte intense avec l'Américaine Natalie Coughlin et la Zimbabwéenne Kirsty Coventry.

FRANCE
LAURE
arena

LAURE

FRANCE
LAURE

FRANCE

Une alliance olympique

De l'or, de l'argent, du bronze… Laure ne pouvait pas rêver mieux pour son baptême du feu olympique, à Athènes. C'est comme « une petite collection de toutes les couleurs », a-t-elle remarqué avec amusement. Trois médailles, d'un métal différent : c'est plutôt flatteur pour une si jeune nageuse qui entend sceller une alliance durable avec les JO et viser encore plus haut. Elle est sans doute capable de tout. D'autant que sa dernière médaille, colorée d'argent, confirme son formidable mental. Elle l'a décrochée au bout d'une semaine épuisante dans le redoutable 800 m.

Le 800 m, c'est l'épreuve au long cours. Il exige des trésors d'énergie. Laure n'a pas peur de cette distance, mais elle n'en raffole pas. Philippe Lucas lui a en tout cas fixé sa feuille de route pour la finale : « Aller au carton ! » Ce qui signifie pour Laure nager encore plus vite que lors de sa série du matin déjà honorée d'un record de France à 8'25"91. Laure, de toute façon, est sereine. Prête à enflammer immédiatement la course. Elle aimerait tant faire bondir de joie tous les siens débarqués à Athènes l'avant-veille avec papa Jean-Luc, maman Olga, Nicolas et Florent. Son plan offensif, Laure l'applique point par point. Souple et ondoyante, la sirène bleue caracole en tête sous les folles acclamations des supporters tricolores. Suspense ! Pourra-t-elle maintenir jusqu'au bout ce rythme fou ? Comme toujours, le moment de vérité intervient juste avant d'aborder la dernière longueur de bassin. Laure a conduit magistralement sa fugue pendant 740 m. Mais la menace de la Japonaise Ai Shibata se précise. Quel retour ! Non : impossible de la contrer. Laure, deuxième, à 42 centièmes, est tout de même ravie. Nouveau record de France en 8'24"96. « Mon objectif à Athènes, c'était le 400 m, constate-t-elle. J'ai été agréablement étonnée par mon 800 m. Le 100 m dos n'était que du bonus ! » Elle va revenir en France enchantée, très attendue pour fêter ses lauriers olympiques.

Finale du 800 m et troisième médaille olympique : l'argent ! On admire le style et l'efficacité de son crawl. Atouts majeurs : taille 1,80 m, belle envergure, grandes mains et grands pieds (42), cœur à 37 pulsations par minute, technique haute fréquence de mouvements, battement deux temps, amplitude, sens tactique, mental de gagneuse.

Le virage, quelle que soit la discipline, est toujours un moment-clé et spectaculaire que Laure Manaudou cherche à perfectionner. Après avoir soigné l'approche du mur, sans se laisser aller, puis effectué la «culbute», on la voit ici réaliser avec les pieds une poussée à la fois souple et violente qui permet de favoriser sous l'eau la reprise de nage en surface et la recherche de vitesse. Laure peut jouer ensuite sur la haute fréquence de ses mouvements.

Arena Beach

*“ENTRE LAURE ET MOI,
C’EST UNE COMPLICITÉ,
UNE HISTOIRE
D’AMOUR.
ELLE EST COMME MA FILLE.
JE LA COUVE,
JE LA PROTÈGE,
JE L’ADORE.”*

Lucas
un mentor musclé

arena
arena

Lucas, « l'homme aux colliers »

Laure n'a pas encore 15 ans lorsqu'elle quitte sa famille et son club à Ambérieu-en-Bugey dans l'Ain, pour s'installer chez Philippe Lucas, son nouvel entraîneur au Cercle des Nageurs de Melun. Le destin doré de la future championne préférée des Français va prendre forme.

Tout se déclenche au retour des championnats d'Europe juniors de Malte fin juin 2001 après les médailles d'argent de Laure aux 50 m et 100 m dos. Lucas a convaincu Jean-Luc Manaudou : « Je ferai de votre fille une championne olympique… si elle vient ici ! » Il l'avait déjà repérée à Rennes, en 2000, lors des championnats de France. Pour Laure, désormais à 500 km de ses parents, une autre existence commence. Mais il est bizarre tout de même cet entraîneur volontariste à la drôle de dégaine qui tranche dans le décor lisse de la natation. Philippe Lucas est un atypique. Il ne joue pas les crooners au bord des bassins, mais porte des Ray Ban et exhibe ses pectoraux avantageux sous un marcel peu élégant. Cheveux longs, barbe de quatre jours, il affectionne aussi colliers et bracelets qui imposent l'harmonie tintinnabulante « d'une vraie quincaillerie » comme le soulignera avec malice le chroniqueur Guy Carlier. Et puis, il y a le langage fleuri, les harangues à l'entraînement :
« Le patron c'est moi. Donc je décide ! »
« Si on ne joue pas le jeu, alors ça pète sec ! »…
Mais à côté de la caricature mordante souvent donnée par les médias, celle d'un « gros dur pour road-movies » chevauchant des motos rutilantes ou de l'image désopilante distillée aujourd'hui par les « Guignols de l'Info » sur Canal +, il y a aussi le vrai visage d'un entraîneur autoritaire et dérangeant mais humain, bon père de famille, fan déclaré de Johnny Hallyday, grand amateur de football, aimé en tout cas de ses nageurs. Philippe Lucas ne serait-il pas aussi un « cœur tendre », une âme forte, un éducateur hors pair, un authentique passionné ? Depuis son diplôme de maître nageur, le 1er juillet 1983, il est devenu un brillant coach… et un fameux chercheur d'or.

La poupée ne dit pas non !

Omniprésent… mais paternel. Philippe Lucas a fixé une ligne de conduite et Laure n'est plus la même. Avant, à Ambérieu, elle pleurait tout le temps quand elle n'était pas première… Aujourd'hui, elle a accepté tous les sacrifices pour devenir une championne.

Depuis son arrivée au Cercle des Nageurs de Melun, elle se lève chaque matin, à l'aube. Dès 7 heures, elle enchaîne inlassablement les longueurs de bassin. Bientôt elle comptabilise cinq heures d'entraînement par jour et aligne 16 km !

« Quand je nage, j'essaie de ne pas réfléchir, confie-t-elle. Je veux garder en moi la même énergie, donc la même envie. J'aime le contact de l'eau, moins le chlore… »

Philippe Lucas se tient au bord du bassin, souvent les bras croisés, le front sourcilleux. Fort de son autorité naturelle, il donne de la voix, crie ses instructions, corrige la technique, incite toujours Laure comme ses camarades à se donner à fond. Pour lui, une seule recette apprivoise le succès, « c'est le travail acharné ». Il connaît trop le talon d'Achille de Laure : elle supporte mal la dureté de l'entraînement. Mais la mise sur orbite olympique est en place.

Le mentor est tenace. Laure allie désormais la fraîcheur de sa jeunesse à une belle force de caractère. Et quand elle rentre à la maison de Philippe où l'accueille Julia Reggiany, l'épouse de Philippe, ancienne sélectionnée olympique en 1992, Laure – qui sera bientôt marraine de leurs deux garçons – a l'impression d'être dans une seconde famille. Le vendredi soir, elle regarde la Star Academy et Philippe Lucas la provoque aussi dans des parties de polochon. « Chez moi, elle doit se sentir chez elle », affirme-t-il. Laure, « l'enfant-champion », bâtit son avenir.

C'est une expérience unique : une existence bien particulière attend Laure, lorsqu'elle quitte ses parents pour s'installer à Melun chez Philippe Lucas. Dur régime d'entraînement, grande volonté de réussir et grâce au succès, elle va aussi nager… dans le bonheur.

NINETEENSEVEN

La méthode de Lucas est implacable : rigueur et intransigeance indispensables pour cueillir un jour les lauriers. Quand il décide de partir pour Canet-en-Roussillon, même régime pour tout le groupe… Mais Laure va s'envoler !

Une spectaculaire progression

Les mois défilent. Sous la houlette de Philippe Lucas, Laure Manaudou réussit une spectaculaire progression, elle accomplit des prodiges. Titres et records de France s'accumulent, qui créent une attente des médias et du grand public. Son nom commence à s'étaler en lettres géantes dans les journaux et bientôt sur la couverture des magazines. La pression n'a cessé de monter à l'approche des JO d'Athènes. Laure ne vit plus que pour la natation et en attend « beaucoup en retour », dit-elle.

Tout commence avec les championnats d'Europe juniors à Linz, où elle est couronnée championne d'Europe juniors du 100 m dos en 2002. L'année suivante, en 2003, il devient éclatant qu'à 16 ans et demi, une très grande carrière se dessine : elle truste les titres (cinq) et bat quatre records nationaux lors des championnats de France, à Saint-Étienne. L'année 2004, avant l'apothéose olympique d'Athènes, la voit émerger déjà au plus haut niveau européen après de remarquables championnats de France à Dunkerque (4'8"72 au 400 m) : elle remporte trois titres européens à Madrid. *L'Équipe* lance pour la première fois le titre « L'or Manaudou ». Elle s'est adjugé le 400 m (4'7"90), le 100 m dos (1'0"93) et gagne en prime le 4x100 m 4 nages. La vice-championne olympique Roxana Maracineanu, longtemps son modèle, son idole, n'est désormais plus leader en France. Et Laure, de plus en plus éblouissante, commence à drainer dans son sillage toute l'équipe tricolore avant les JO. L'or olympique est en vue, des titres mondiaux, de grands records. Mais surprise : elle quittera Melun pour le club du Canet-en-Roussillon (12 août 2006)… et ensuite Philippe Lucas (6 mai 2007) !

“ DEPUIS L’ÂGE DE 14 ANS, JE NAGE 16 KM TOUTE SEULE CHAQUE JOUR.
LA VICTOIRE,
ET SEULE LA VICTOIRE,
EST À CE PRIX.
JE DÉTESTE PERDRE.
JE VEUX TOUJOURS ÊTRE
LA PREMIÈRE. ”

Number one

« A star is born ! » Oui : « Une étoile est née » à Saint-Étienne en avril 2003 dans le cadre idéal des championnats de France. Laure Manaudou n'était encore qu'une junior prodige de 16 ans inconnue du grand public.

Au lendemain du rendez-vous national dans le Forez, tout semble éclatant. Le grand dessein conçu par Philippe Lucas a pris une forme convaincante au cours d'une semaine fantastique. Bien des observateurs s'enflamment. « Manaudou, c'est fou ! » titre Benoît Lallement dans *L'Équipe* en précisant avec enthousiasme : « L'avenir semble promis à cette ado bien dans sa peau, elle est la nouvelle vague de la natation française. »

Laure, 16 ans, a disputé quinze courses ! Elle a remporté cinq titres nationaux et battu quatre records de France sur 400 m (4'10"68), 800 m (8'33"92), 1 500 m (16'34"14) et au 50 m dos (29"02) !

Tout a commencé le dimanche 13 avril avec le titre et le record de France au 400 m en 4'10"68 qui lui confère une belle pointure internationale. « C'était l'objectif principal », a-t-elle précisé. Le mardi 15 avril, elle remporte le titre du 100 m dos en 1'1"68 (à 58 centièmes du record de Maracineanu) et bat le record de France du 1 500 m en 16'34"14. Le jeudi 17 avril, elle gagne le titre du 50 m dos en 29"39 après avoir amélioré, la veille, le record en 29"02. Le samedi 19 avril, elle conclut par un nouveau titre et le record au 800 m en 8'33"92.

Laure est encensée par la presse nationale. Le « clan Manaudou » est à l'honneur. On découvre des parents très sportifs ayant accordé « leur confiance totale » à Philippe Lucas. Jean-Luc, le père, a pratiqué le handball, Olga, la maman, d'origine néerlandaise, le badminton, les deux frères Nicolas et Florent sont nageurs.

L'engouement va fléchir cependant lors des championnats du monde à Barcelone, en juillet. Laure s'est sentie un peu perdue sans son entraîneur. Mais, belle compensation, à Dublin, en décembre, avec la médaille de bronze européenne sur 100 m dos, petit bassin. L'horizon s'éclaire. Laure est lancée.

Un visage calme et un sourire doux. La jeune nageuse prodige du CN Melun a été étincelante aux championnats de France à Saint-Étienne en avril 2003. Cinq titres, quatre records de France ! Laure apparaît bien sage sur le podium. Elle voit beaucoup plus loin…

Olé les filles !

Ambiance très flamenco à Madrid en ce printemps 2004. À moins de 100 jours des JO d'Athènes : répétition générale en Castille pour l'élite de la natation française. Laure, en particulier, attend avec impatience ce test-clé. Elle dispute pour la première fois cette compétition européenne en grand bassin et en espère confirmation de ses résultats des championnats de France à Dunkerque. Ils laissent augurer un pari olympique des plus audacieux.

À Dunkerque, elle s'est offert quatre titres et quatre records de France dont celui du 400 m en 4'8"72 et du 100 m dos en 1'0"64, chronos de valeur mondiale. Très bon signe selon Philippe Lucas. Laure, dans l'immédiat, aimerait surtout devenir pour la première fois championne d'Europe. Et déjà pour commencer sur 100 m dos, afin de rejoindre dans l'histoire une certaine Christine Caron. Dans cette perspective d'ailleurs, elle a particulièrement travaillé les départs, les coulées et les virages. Bien joué, car, le jour de la finale, Laure survole son sujet avec maestria en dominant nettement en 1'0"93 la Russe Svetlana Komarova. Elle est fière de monter enfin sur un podium européen enveloppée du drapeau tricolore, comme son amie la Guyanaise Malia Metella couronnée sur 100 m l'avant-veille.

Mais, pour Laure, le rendez-vous le plus attendu est sur 400 m. C'est sur cette distance que Philippe Lucas voit grand pour les JO. Il a raison. Laure se transcende et devance aisément sa rivale roumaine Camelia Potec. Nouveau record de France. Troisième temps mondial en 4'7"90. Et Laure entraîne dans son sillage ses amies de l'équipe de France. Belle fiesta après le relais 4 x 100 m 4 nages où Laure Manaudou, en compagnie de Laurie Thomassin, Aurore Mongel et Malia Metella, remporte son troisième titre. Le tricolore est accroché en haut du pavois. Lucas aussi se frotte les mains avant Athènes : « Laure est maintenant une guerrière ! »

TYR
Nocibé
arena

«ELLE A PLONGÉ DIVINEMENT À LA LIGNE 8 ET FENDU LES EAUX DU BASSIN DE MONTRÉAL TELLE UNE TORPILLE À LA TRAJECTOIRE LIMPIDE ET MEURTRIÈRE AVANT D'ATTEINDRE SA CIBLE DORÉE.»

Belle bleue à Montréal

Laure a eu tellement peur ! L'émotion était trop forte. Elle n'a pu contenir ses larmes sur le podium du 400 m des championnats du monde à Montréal, le 24 juillet 2005. Heureusement, un an après les JO d'Athènes, les dieux de l'Olympe veillaient toujours sur elle. Une aubaine après son surprenant raté dans les séries du matin : huitième seulement et dernière qualifiée ! Elle s'était plainte de « jambes douloureuses ». Peur panique alors dans le clan français.

Mais Laure s'est ressaisie en finale du 400 m. Elle a plongé divinement à la ligne 8 et fendu les eaux du bassin de Montréal telle une torpille à la trajectoire limpide et meurtrière avant d'atteindre sa cible dorée. Invincible Laure ! Championne du monde ! La voici maintenant souveraine sur les trois tableaux : JO-Europe-Monde.

Elle a réalisé le meilleur temps mondial de l'année et son deuxième chrono personnel en 4'6"44. Toujours reine du 400 m, elle est aussi devenue, après Roxana Maracineanu (1998), la deuxième championne du monde française de l'histoire. Ainsi l'élan olympique se prolonge, même si, après ses frayeurs au 400 m, elle a renoncé à disputer à Montréal, les 800 m et 100 m dos.

Mais l'inquiétude était bien justifiée en voyant ce tourbillon qui a emporté Laure après les JO 2004. Une vraie folie. Sa jeunesse, son talent, son joli sourire ont créé une telle effervescence ! Sa vie a bien changé. Elle a quitté le foyer de Philippe Lucas et loué un deux pièces à proximité de la gare de Melun. Nouvel amoureux également : Pierre à la place de Julien. Quant à la gestion de ses affaires, Me Didier Poulmaire s'en charge. Il y a eu enfin un record du monde en petit bassin, sur 1 500 m, le 20 novembre 2004, à La Roche-sur-Yon (15'42"39), qui a déclenché une curieuse polémique entre Philippe Lucas et le DTN Claude Fauquet. Laure, très énervée, a menacé d'adopter la nationalité néerlandaise (origine de sa mère) ! Simple mouvement d'humeur passager. À Montréal elle l'a prouvé : son cœur bat plus que jamais pour la France !

Trois mois avant le Mondial de Montréal, où elle va conserver sa couronne de reine du 400 m, Laure a reçu le 15 avril 2005, lors des championnats de France, à Nancy, le certificat validant son premier record du monde en petit bassin sur 1 500 m (20 novembre 2004).

Laure Manaudou a connu tous les bonheurs en l'espace de seize mois : Championne d'Europe à Madrid en mai 2004, championne olympique à Athènes, en août 2004, championne du monde à Montréal en juillet 2005. Après des semaines post-olympiques bien agitées, elle avait frôlé la déprime. À l'aube de la saison 2006, on évoque cette fois des problèmes d'épaule qui, selon le Pr Gérard Saillant, ne présentent a priori aucun caractère alarmant. Laure a mal cependant. Mais la douleur disparaît quand elle nage. Son entraînement tourne toujours autour des 16 km ! Et les chronos étincellent.

Au cours de l'hiver, à Trieste, Laure a amélioré en 3'56"79 le record du monde du 400 m en petit bassin. Maintenant, elle se prépare pour les championnats de France à Tours. Onze épreuves en cinq jours et en tout dix-sept courses, histoire d'élargir son éventail comme les grands cracks masculins Michael Phelps ou Ian Thorpe. Elle semble prête pour un grand coup, mais ne dit rien sur une (éventuelle) tentative contre le record du monde mythique du 400 m de Janet Evans : 4'3"85 aux JO de Séoul en 1988 !

Pourtant, le show hallucinant de Laure à Tours - 9 titres nationaux : 200 m-400 m-800 m-1 500 m-100 m et 200 m dos-200 m et 400 m 4 nages, relais 4 × 200 m et cinq records de France portant le total à 30 en cinq ans ! – est bel et bien illuminé par l'exploit rêvé. Il s'accomplit le vendredi 12 mai 2006, à 18 h 23, quand Laure s'élance surmotivée dans son 400 m. Récital divin. Pur moment de bonheur. Voici trente-huit ans (Alain Mosconi sur 400 m le 4 juillet 1967) que la natation française attendait cet instant magique. Laure entre un peu plus dans la légende avec ses 4'3"03 qui effacent de 0"82 la marque de Janet Evans. Laure est passée en 58"30 au 100 m. Allure incroyable ! Au 200 m : 2' juste et 2"14 d'avance sur les temps d'Evans. Bel avantage conservé au 300 m : 3'2"07. Sera-t-elle émoussée par ses autres courses ? Non ! Laure, comme Christine Caron en 1964, « explose » le record du monde en 4'3"03. Folle de joie, elle étreint, à la ligne d'eau voisine, l'amie Sarah Bey. « Battre un record du monde dans un très grand championnat, ce serait encore mieux », annonce-t-elle curieusement. Tout est clair dans sa tête avant Budapest !

Cette médaille d'or des championnats de France à Tours, le 12 mai 2006, a une saveur particulière. Laure vient de décrocher son premier grand record du monde sur 400 m en grand bassin. Elle a effacé des tablettes la prestigieuse Janet Evans.

CANET
MANAUDOU

L'image vive de la sirène qui fend divinement les ondes dans un mouvement d'une grande pureté devient plus éclatante en vue plongeante. L'élégance, l'esthétisme alors priment sur l'efficacité du style puissant de la merveilleuse championne.

Self-control exceptionnel, fort pouvoir de concentration, Laure, avant de s'élancer dans ses compétitions, possède souvent déjà un ascendant psychologique sur ses rivales… Elle les défie même parfois du regard.

Grand huit à Budapest

Janet Evans, la pétillante nageuse américaine, rivale numéro 1 autrefois des Wundermädchen de la RDA, triple championne olympique (1988-1992), ne s'était donc pas trompée. Persuadée après Athènes que Laure à brève échéance battrait son record du monde au 400 m, elle avait aussi confié : « Laure devra apprendre à se remettre constamment en question en vue des JO de Pékin. Perdre une course parfois est même salutaire… »

Lors des championnats du monde à Montréal en 2005, Laure avait débuté par un raté, huitième en séries du 400 m… avant de se ressaisir magistralement en finale. À Budapest, sur les bords du Danube, deux mois et demi après son record mondial du 400 m à Tours (4'3"03), Laure a connu pire dans le 400 m 4 nages des championnats d'Europe. Éliminée dès les séries ! Philippe Lucas a voulu alors réduire le programme prévu : huit épreuves ! Elle n'était pas d'accord… La suite ? Un enchaînement tout simplement prodigieux : quatre médailles d'or sur 400 m, 800 m, 100 m dos et 200 m 4 nages, trois médailles de bronze au 200 m, 4 × 200 m et 4 × 100 m 4 nages. Avec ses quatre médailles d'or européennes, elle a rejoint dans l'histoire Ute Geweniger (RDA), couronnée à Split en 1981, et Krisztina Egerszegi (Hongrie), à Sheffield en 1993. Heureux DTN, également : Claude Fauquet, ravi des 15 médailles françaises comme à Madrid : « Une équipe est née », a-t-il dit. Sans oublier « l'amie intime » Esther Baron, championne d'Europe au 200 m dos.

Mais Laure a ajouté une « griffe » plus personnelle à un palmarès déjà prestigieux, agrémenté déjà du record d'Europe au 800 m en 8'19"29. Nouvel exploit grandiose, le dimanche 6 août bien qu'elle se soit blessé l'index, la veille… dans une porte à l'hôtel ! Quel récital avec son crawl parfait ! Laure a fait voler en éclats son record du monde du 400 m : 4'2"13 ! Près d'une seconde de mieux qu'à Tours, après un passage au 200 m en 1'59"11. Sa joie éclatante et son charme discret ont manifestement touché alors un jeune nageur italien. Une idylle est née entre Laure et Luca Marin. Ils partent en vacances à Capri…

Insatiable croqueuse de médailles ! Laure les préfère en or car elle ne veut que des victoires comme celles de Budapest sur 400 m, 800 m, 100 m dos et 200 m 4 nages (photo de droite). S'offrir, en plus, le record du monde du 400 m décuple son plaisir !

FRA
SWANS

Clairs de femme

“JE SUIS TIMIDE.
ASSEZ CHANGEANTE
DE CARACTÈRE. TÊTUE.
C’EST MON CÔTÉ
GAGNEUSE…
ET, QUAND JE SUIS AMOUREUSE,
JE NAGE PLUS
VITE ! ”

a

Libre comme un papillon…

Le papillon tatoué de Laure sur son épaule symbolise sa personnalité. Elle peut être légère, volatile, elle veut être libre…

Quand Laure n'envahit pas encore les médias, elle est avant tout une ado insouciante, timide, solitaire, à la fois rêveuse et détachée, parfois même boudeuse. Elle a quitté le cocon familial à la veille de ses 15 ans, mais elle n'a jamais pleuré. Belle force de caractère. En réalité elle avait choisi. Philippe Lucas l'a « formatée » pour s'épanouir dans un système exclusivement axé sur la compétition avec l'objectif de devenir si possible « la n°1 du monde ». Épanouie, elle reconnaît aussi : « Je n'avais pas la vie de toutes les filles de mon âge. » À Melun, elle s'est consacrée à fond à la natation, mais elle est entourée de très bons amis.

Sa complice préférée, c'est la très rieuse Esther Baron, surnommée « Momo », venue de Manosque. Comme elle, Laure aime s'amuser, envoyer des SMS, écouter le walkman, regarder la télé assez tard dans sa chambre. Grande complicité donc avec sa petite bande du CN Melun, avec également Sarah Bey, en attendant d'émigrer vers d'autres cieux. Bientôt en passant de l'ombre à la lumière, elle devient la préférée des sportifs français, tout en affirmant : « J'ai envie d'être tranquille et de vivre ma vie. »

Diriger son existence devient sa règle de conduite dès que sa notoriété s'emballe. Laure est sentimentale certes, mais c'est aussi une gagneuse qui ne fait rien à moitié. Pas toujours de caractère facile en plus. Avec Philippe Lucas, ça disjoncte parfois mais elle précise : « Il peut faire peur mais il rigole aussi tout le temps. » Rayon garçon, on pourrait penser qu'elle « papillonne » pas mal également. Mais elle avouera plus tard : « Quand je suis amoureuse, je nage plus vite ! »

Championne de fort caractère, Laure est aussi une jeune fille sensible, fragile, insaisissable… Le petit papillon tatoué sur son épaule en est le parfait symbole. Arena, en octobre 2005, a lancé une collection de vêtements de sport avec le papillon de Laure accompagné du slogan « Catch me if you can » (attrapez-moi si vous le pouvez) !

arena

Il y a toute une mise en scène
à respecter dans le cérémonial
des grandes compétitions. Laure sait
comment rester calme, mesurer ses
gestes et surtout ne pas gaspiller son
énergie avant l'épreuve. Après, un peu de
malice devant les photographes
n'est pas interdit.

« J'AIME LEUR MONTRER QUE JE ME SENS IMBATTABLE ! QU'ELLES ÉPROUVENT CETTE SENSATION QU'AVEC MOI ELLES ONT PERDU D'AVANCE ! »

Une gagneuse sentimentale

Elle a le visage changeant. Un jour tout sourire, le lendemain nostalgique… Il n'est pas facile de cerner la vraie nature de Laure. À en croire ses parents, dans sa jeunesse elle était assez timide, solitaire mais aussi parfois fort décidée. Depuis qu'elle est devenue la chouchoute du monde sportif français, son côté belle sirène qui fend les ondes et ce joli sourire qu'elle déclenche à ravir la rendent en tout cas très flashante. Ce qui ne l'empêche pas de s'avérer une redoutable compétitrice en championnat. Parfois ostensiblement, elle ne veut pas exposer la moindre fragilité à ses adversaires. Elle avoue même qu'elle cherche plus ou moins à les déstabiliser d'un seul regard : « J'aime leur montrer que je me sens imbattable ! Qu'elles éprouvent cette sensation qu'avec moi elles ont perdu d'avance ! »

C'est là son côté dominateur exercé dans les grands rendez-vous internationaux, sans doute une autre facette de sa personnalité. Car, avant tout, Laure entend « rester simple » et avenante aux yeux des gens tout en se composant l'image sympathique d'une « gagneuse sentimentale» ayant aussi parfaitement maîtrisé la « machine à gagner » mise en place par Philippe Lucas. À propos de ce dernier, et jusqu'au moment de la séparation en 2007, elle s'est toujours appliquée à minimiser sa réputation de bourreau de travail en nuançant : « Il fait peur au début mais il sait aussi plaisanter et avec lui on rigole franchement parfois… et encore plus quand il met à fond la sono de Johnny Hallyday en voiture lors des déplacements. »

Certains pensent qu'elle n'est pas très communicative donc pas très marketing, mais ses sponsors savent la mettre en scène en démontrant exactement le contraire. Unique certitude : même s'il n'est pas facile d'investir son intimité, Laure occupe une place de choix dans le cœur de tous les Français.

Dans sa bulle

L'univers feutré de la natation se dessine sur fond bleu comme la couleur de l'eau cristalline de la piscine avec ses lignes d'eau qui ressemblent à des lignes de vie. Il y règne une ambiance chaleureuse, mais aussi bruyante, quand s'amplifient les sonorités qui mêlent confusément l'écho des encouragements des spectateurs à la percussion des plongeons et aux trépidations de l'eau agitée violemment par les battements des nageurs. Il n'est pas aisé de trouver dans ce milieu singulier la concentration idéale. Il s'agit néanmoins d'un domaine dans lequel Laure Manaudou est souveraine. Savoir explorer les profondeurs de son subconscient avant de libérer ses énergies dans l'épreuve, Laure sait le faire. Elle a sa méthode pour évacuer le stress avant une course importante : « J'ai tellement soif de victoires que gagner me motive et me rend plus forte dans ma tête », assure-t-elle.

Philippe Lucas lui a appris très jeune que la compétition n'est pas un jeu du hasard mais une bataille infernale. Le grand frisson des titres, des médailles, des records, la stimule régulièrement. La paisible Laure qui semble parfois enfermée dans sa bulle est capable alors d'entrer en rébellion à l'heure H. C'est sans doute pour cette raison qu'elle aime disputer « ses courses en tête ». Mais, au fil du temps, l'environnement a bien changé avec la pression médiatique, l'attente permanente de résultats au top. Laure parfois gamberge dans les semaines précédant les grands rendez-vous sachant qu'il lui faut « toujours prouver quelque chose, toujours se justifier devant les médias pour le moindre de ses actes et de ses choix ».

Il y a parfois du plaisir. Il y a aussi de la contrainte. En fait depuis Athènes, elle ne peut plus se contenter d'assister sereinement à l'accomplissement de son destin.

La concentration est l'un des moments-clés où le champion plonge doucement dans son subconscient pour évacuer « les ondes négatives » qui peuvent distiller le stress. Laure le sait : il faut être en mesure de faire le vide pour gagner… un plein de médailles !

*“ J’AIME MONTRER
À MES ADVERSAIRES
QUE JE SUIS IMBATTABLE.
PARFOIS, QUAND JE ME SENS BIEN
DANS L’EAU,
JE JOUE MÊME AVEC ELLES
ET JE FAIS CE QUE JE VEUX. ”*

Ascensions
australes

À un an des JO de Pékin, Laure scrute calmement l'horizon en se fixant pour objectif suprême de redevenir championne olympique sur 400 m. En attendant, le test du Mondial à Melbourne, en mars 2007, s'avère capital…

Toujours au paradis

Attention : 2007, année de tous les dangers ! Laure n'est plus une adolescente insouciante, mais une jeune femme de 20 ans qui veut aussi croquer la vie à pleines dents. Beaucoup de changements sont intervenus à l'approche des Mondiaux de Melbourne.

Son petit ami italien Luca Marin a pris une place conséquente dans sa vie. Depuis Budapest, en revanche, les relations entre Philippe Lucas, le CN Melun et la municipalité se sont tendues. Laure et lui ont annoncé le 12 août 2006 leur départ pour Canet-en-Roussillon. Le duo gagnant s'y entraîne depuis le 6 septembre. À l'approche des JO de Pékin, les sponsors continuent de faire les yeux doux à Laure. Normal : elle a encore amélioré en décembre le record du monde du 400 m en petit bassin à Helsinki en 3'56"09. L'horizon olympique scintille…

Ce qui attend Laure en 2007 : c'est « l'année la plus folle de ma vie », conclura-t-elle en décembre devant Jean-Baptiste Renet de *L'Équipe*. Les championnats du monde à Melbourne (du 17 mars au 1er avril) surviennent donc dans un milieu modifié. Nouveau club et toujours le même entraîneur… même s'ils s'accrochent parfois violemment. Laure, ravie du voyage aux antipodes, s'est idéalement préparée à Gold Coast près de Brisbane. Les compétitions, elles, se déroulent au Rod Laver Arena, là où a lieu chaque année l'Open d'Australie. Un bassin, protégé par un toit rétractable, a été aménagé.

Laure n'a rien annoncé de fracassant avant les trois coups… mais elle se sait en forme rayonnante et envisage de disputer neuf épreuves. En fait, elle se contentera de six ! Seule priorité : conserver sa couronne au 400 m. Justement, pour ouvrir le ban d'une semaine encore fabuleuse, le 400 m est d'entrée au menu. Une course royale. Une fois de plus, Laure repousse magistralement toutes ses rivales et surtout sa dauphine d'Athènes, la Polonaise Otylia Jedrzejczak (4'4"23). KO intégral : la Française s'offre le deuxième chrono de l'histoire : 4'2"61. La belle aventure continue et pourrait même s'emballer !

Magie d'un instantané lors du 400 m de Laure Manaudou au Mondial 2007 à Melbourne. Quand l'harmonie gestuelle du corps évoluant dans l'eau atteint une telle perfection visuelle, elle crée l'enchantement.

“À PARTIR DU MOMENT OÙ ELLE LE DÉCIDE, LAURE RÉUSSIT CE QU’ELLE VEUT” Franziska van Almsick

Petit cœur, grand exploit

Elle a d’abord jeté un regard furtif vers l’écran géant pour déchiffrer la grandeur de son exploit. Puis, apparemment incrédule, Laure s’est caché le visage dans les mains, avant de lever triomphalement le bras. Quelle émotion ! Non seulement elle a ajouté à son titre mondial au 400 m celui du 200 m, mais en 1’55”52, elle a pulvérisé de près d’une seconde le record du monde amélioré la veille par l’Italienne Federica Pellegrini ! Fort, très fort ! Ensuite, Laure a eu ce petit geste instinctif et intimiste : elle a joint les deux pouces et les deux index pour dessiner un cœur et évoquer un autre bonheur… Grand jour dans la vie de Laure ce mercredi 28 mars 2007, à Melbourne ! Il a marqué son accession définitive à un trône somptueux. Seules en effet dans l’histoire, jusque-là, Debbie Meyer (de 1968 à 1971), Shane Gould (en 1971) et Shirley Babashoff (en 1974-1975) ont pu se flatter d’un tel privilège : posséder les deux records du monde du 200 m et du 400 m. Ce deal audacieux, Laure, toujours poussée vers de nouveaux sommets, l’a donc accompli sans ciller au royaume de la natation, devant un public australien émerveillé.

« À partir du moment où elle le décide, Laure réussit ce qu’elle veut », a constaté, admirative, l’ancienne reine du 200 m mondial Franziska van Almsick.

Laure, resplendissante pour son deuxième grand 200 m international, n’a pas laissé la moindre chance à l’Allemande Annika Liebs-Lurz (1’55”68) ainsi qu’à l’Italienne Federica Pellegrini (1’56”92). Tout semblait clair après son passage express en 56”24 au 100 m ! La veille, son « clip » sur 100 m dos avait déjà impressionné : record d’Europe en 59”87 pour devenir la deuxième femme au monde sous la minute derrière l’invincible Américaine Natalie Coughlin, record du monde en 59”44.

Laure, plus grande championne française de tous les temps ? L’idée suit son chemin aujourd’hui. Mais elle n’en conserve pas moins sa « zen attitude », comme après le 200 m : « Je n’avais aucune pression. C’est arrivé comme ça ! »

Les gestes de triomphe de Laure Manaudou après ses victoires sont peu fréquents. Mais, à l’issue du 200 m du Mondial de Melbourne, bouclé en 1’55”52, elle peut laisser éclater sa joie. Record du monde ! Elle devient l’une des plus grandes nageuses de l’Histoire.

Au grand large

Le vertige et l'émotion procurés par les exploits renouvelés de Laure, à Melbourne, n'ont pas entamé son appétit de performances. Elle vise une apothéose finale. Il reste à disputer les relais avec ses copines de l'équipe de France et le 800 m pour clore cette divine échappée vers le grand large. On la sent toujours conquérante et elle continue d'exposer une humeur fort joyeuse. Laure vraiment ne redoute pas que les succès s'éloignent. Sa progression en vitesse, avec le record du monde du 200 m, et sur le dos, en devenant la deuxième femme au monde sous la minute au 100 m dos, matérialisent son nouveau bond en avant. Sans parler de sa puissance intacte vérifiée dans le 400 m tout en rêvant aux 4'.

Mais peut-elle encore se transcender dans le 800 m qui se déroule le samedi 31 mars ? Oui ! Et de quelle façon ! La course est absolument palpitante. Duel fantastique avec l'Américaine Kate Ziegler, déjà championne du monde du 1 500 m. Au petit jeu du « parade-riposte » entre ces deux immenses championnes, Laure est encore en tête aux 750 m. Mais, l'Américaine, à la faveur d'un battement de jambes un peu plus efficace, s'arrache dans la dernière longueur de bassin pour s'imposer au milieu de l'enthousiasme général, en 8'18"52. Un souffle devant Laure : 28 centièmes de seconde ! Superbe course, superbe record d'Europe aussi pour la Française en 8'18"80. Nouvelle médaille d'argent qui s'ajoute à l'or du 200 m et du 400 m, à l'argent du 100 m dos et au bronze du relais 4 × 200 m acquis, jeudi, avec Alena Popchanka, Sophie Huber et Aurore Mongel. La France, au tableau des médailles, accède au troisième rang mondial derrière les deux géants États-Unis et Australie !

Laure est finalement sacrée « nageuse numéro 1 » du Mondial 2007 de Melbourne. « Je voulais finir sur une médaille d'or, confie-t-elle. Le jour où je serai première partout, ce sera autre chose ! » Philippe Lucas, lui, scrute déjà Pékin. Il aimerait beaucoup que Laure s'y aligne sur 200 m, 400 m, 800 m et 100 m dos. Prudence : la vie pourrait aussi se charger de dresser ses barrières…

Laure est ravie d'entraîner vers les podiums ses amies de l'équipe de France. La médaille de bronze au 4 × 200 m à Melbourne avec Aurore Mongel, Sophie Huber et Alena Popchanka (de g. à dr.) illustre aussi le signe du renouveau de la natation française.

Romantique...

Cette amourette-là, Philippe Lucas, l'entraîneur de Laure, a eu raison de s'en méfier au plus haut point dans l'optique des JO de Pékin. Les aventures sentimentales sont loin d'être passage obligé dans la vie programmée d'une championne olympique visant toujours les sommets. À 20 ans maintenant, elle assure que l'amour la transcende. Incontournable ! Sinon que cette aventure sentimentale partagée avec le nageur italien Luca Marin, depuis les championnats d'Europe en juillet 2006, à Budapest, comporte quelques dangers... Enfin tout rapproche Laure de son « italiano amoroso », ainsi surnommé par les médias. Le beau brun ténébreux vient à son tour d'être couronné pour la première fois champion d'Europe du 400 m 4 nages, en petit bassin à Helsinki, en décembre 2006. Laure, à la plus grande satisfaction des magazines, se libère en étalant publiquement son bonheur glamour avec l'amoureux de Turin. « Il est l'homme de ma vie, avoue-t-elle. Je suis sur un nuage. Tout me réussit. Maintenant, une partie de mon cœur est en Italie. » Ils ne sont pas gâtés en revanche pour entretenir cette idylle en dehors de grandes compétitions comme les championnats du monde de Melbourne, où ils se retrouvent. Laure, qui en a les moyens, utilise des jets privés ! A Melbourne, en tout cas, dès l'arrivée de son 400 m en 4'2"61, elle a dédié ce nouveau triomphe à son cher et tendre Luca. Message intime affiché au creux de la main ! Love ! Ce qui signifie : « Je t'aime, Luca et on se motive l'un, l'autre pour gagner. » Autant dire que cette image a couvert le tour du monde en moins de vingt-quatre heures.

Podiums attitude

"LA MÉDIATISATION PARFOIS EFFRAIE.
ELLE M'EST TOMBÉE DESSUS À ATHÈNES.
DE LA FOLIE. J'ÉTAIS JEUNE, PERDUE.
JE SUIS PASSÉE
DE RIEN À TOUT."

1

2

3

4

5

6

7

8

9

Graine de star

Depuis l'année magique en 2004, Laure Manaudou est devenue la star féminine du sport français. Elle fait courir les médias, attire les convoitises, aimante les sponsors, illumine la une des magazines.

Peu après les JO, elle a été reçue à l'Élysée par Jacques Chirac pour y recevoir la Légion d'honneur, le 28 septembre 2004. Elle va apparaître les mois suivants dans de nombreuses manifestations en « guest star » comme à Monaco, Roland-Garros… où elle croise d'autres champions. Même Brigitte Bardot a souhaité la rencontrer !

Les exigences de la notoriété envahissent la vie de Laure. Elle se plie désormais volontiers à un exercice dans lequel elle a souvent flanché : les conférences de presse. Elle force sa nature pour se montrer plus présente, plus souriante, plus disponible et décontractée : « Je n'ai rien contre la presse tant qu'on ne passe pas de photos volées », précise-t-elle. Peu accro des plateaux télé, elle consent tout de même une remarquable exception pour le « Vivement Dimanche » de Michel Drucker, enregistré le 25 avril 2007. Sa simplicité naturelle, alliée à ses exploits renouvelés, la rendent en tout cas populaire. Les sondages généralistes le confirment : elle est la championne préférée des Français. Laure l'apprécie et reconnaît : « Si je me promène tranquillement dans la rue et que les gens m'abordent, je ne les repousse jamais. »

Cette médiatisation n'altère en rien ses relations avec ses camarades de club à Melun et ensuite au Canet, sans parler de l'équipe de France. Elle est devenue l'icône de la natation française. On s'en réjouit pour elle.

Invitée, honorée, médiatisée
(Photos page de gauche)

1. Laure, fière de sa Légion d'honneur, avec Jacques Chirac à l'Élysée (2004).
2. Perplexe en conférence de presse à Lyon (2004).
3. Ravie auprès de Fernando Alonso au GP de Monaco (2005).
4. Admirative de Justine Hénin à Roland-Garros (2005).
5. Émue dans « Vivement Dimanche » chez Michel Drucker (2007).
6. Honorée par l'Académie des Sports avec Emmanuel Rodocanachi, Serge Kampf et Jean-François Lamour, de gauche à droite (2006).
7. Complice avec l'amie Esther Baron à Istres (2006).
8. Amicale avec le footballeur de la Juventus de Turin, Pavel Nedved (2007).
9. Étonnée auprès d'Alain Bernard, nouveau crack mondial du 100 m (2007).

Rester authentique et plaire...

Les micros se tendent, les caméras tournent, la lumière de l'actualité s'est emparée de Laure. Elle a un si joli sourire quand elle consent à le déclencher !
Sous les feux de la médiatisation, Laure a semblé d'abord un peu décontenancée. Elle était trop jeune. Elle vivait trop dans sa sphère. Son entraîneur lui a fourni les premières recettes. Il était naturellement ouvert à ce type de relation « externe » dès que le cap de la notoriété a été franchi par leur tandem. Au début, Philippe s'est substitué à elle. Il répondait souvent à sa place. Au fur et à mesure, Laure a dévoilé son vrai visage, tenté d'ouvrir son cœur, entrant dans ce jeu médiatique où se mêlent la sincérité, l'engagement, un soupçon de complicité. Être souriante, spontanée, authentique, devient nécessaire.
Savoir plaisanter, au besoin, rend plus sympathique. Il lui a donc fallu balayer cette image longtemps donnée d'une jeune fille un peu renfermée, effacer cette fausse réputation de capricieuse et au caractère peu facile. Soigner son image était réellement impératif. Elle y prend bientôt un réel plaisir. Ce jeu risque aussi de générer pas mal de désagréments en cas de dérapages… Enfin, progressivement, Laure, jeune championne plutôt timide et peu communicative, introduit dans ses déclarations une touche plus glamour et une maîtrise bienvenue. Cela rejoint aussi cette ligne de conduite fixée depuis qu'elle conquiert titres et records : « À un moment donné, il faut aussi savoir diriger sa vie. »

Avec son éblouissante moisson de médailles,
Laure est devenue l'icône du sport français
qui magnétise les médias.
Les micros se tendent, les caméras tournent,
Laure, plutôt timide de nature,
découvre les exigences de sa popularité.

ELLE
DE 5 À 50 € NOTRE SHOPPING MODE BEAUTÉ DÉCO...
MODE STRICTE DESSUS SEXY DESSOUS
LAURE MANAUDOU
"L'AMOUR ET LES J.O. JE VEUX TOUT !"
OBJECTIF PEAU PARFAITE DIX GESTES QUI CHANGENT TOUT
TÉMOIGNAGES LES PÈRES CHERCHENT LEUR PLACE
PSYCHO POUR QUI VOUS HABILLEZ-VOUS ?
SPÉCIAL CUISINE RECETTES EXPRESS ET IDÉES BLUFFANTES
JOUEZ-LA COMME UN CHEF
ON L'A RELOOKÉ LE NOUVEAU CHRISTOPHE WILLEM
PARIS MATCH
NAUDOU
PRÈS LA DIFFUSION DE PHOTOS INTIMES SUR INTERNET
LA CHAMPIONNE NE CHANGE RIEN À SON PROGRAMME
"Laure, ce qui compte, ce sont tes victoires"
Par Christophe Dominici
LA FRAN QUI GAG
24 PAGES SPÉC
Version Femina
LAURE MANAUDOU
"J'ai choisi d'être une championne"
PARIS MATCH
NICOLAS SARKOZY
L'HOMME DERRIÈRE LE CANDIDAT
UN GRAND ENTRETIEN
SES PHOTOS PORTE-BONHEUR
RÉCHAUFFEMENT CLIMATIQUE
LA CARTE DE LA FRANCE SOUS LES EAUX
LAURE MANAUDOU
Une star est née

L'ambassadrice

À l'image de la star du football Zinedine Zidane, Laure est devenue après son titre olympique une sorte d'astre solaire qui rayonne sur le sport français. Elle s'est aussi vite retrouvée au cœur d'un système fonctionnant selon le principe de la galaxie, étant logiquement le point convergent d'enjeux commerciaux de plus en plus considérables. Son avocat, Didier Poulmaire, qui la conseille depuis le début de l'hiver 2004-2005, l'avait immédiatement constaté au lendemain d'Athènes : « La tentation est grande d'en faire une ambassadrice parfaite. »
De fait, entre les JO d'Athènes et ceux de Pékin, en 2008, les sollicitations se sont accumulées au siège de la société Swimming Dream, créée le 24 février 2005 et localisée dans le Ve arrondissement de Paris. Laure est au départ actionnaire-gérante. Son image très porteuse, régulièrement exposée médiatiquement, peut dès lors être à la fois valorisée et exploitée par des partenaires de renom, triés sur le volet. Il en résulte pour Laure des gains fort conséquents. Au cours de l'année 2006, le montant de ses revenus cumulés a atteint grâce aux sponsors 1,5 million d'euros !
Arena, avec son slogan « une alliance en or », avait engagé Laure dès 2001. Sont arrivés en 2002 EDF, puis en 2005 Lastminute.com, Sporever (avec Orange) et Lancel pour qui elle pose en top-model, ensuite se présentent, en 2006, la Société des Bains de Mer de Monaco et, depuis mars 2007, Artemis (groupe Pinault-Printemps-Redoute). Ce dernier contrat a fait sensation en raison de son ampleur : 1 million d'euros par an, pendant cinq ans, sans véritable contrepartie ! Du mécénat à l'état brut selon le vœu de François Pinault et de son fils François-Henri déjà propriétaires d'un club de football, le Stade Rennais. La famille Pinault a été fascinée par les exploits de Laure ! Mais ces largesses, cette fidélité contractuelle reposent aussi sur une attente : Laure doit se maintenir au top niveau mondial !

Monter les marches du Palais festivalier de Cannes est un privilège généralement réservé aux stars, rarement aux champions. Laure a connu ce redoutable honneur le 22 mai 2005, en compagnie de son ami Pierre Henri.

« IL FAUT SE MÉFIER DE CETTE APPARENCE DE FAUSSE DÉSINVOLTURE SOUVENT AFFICHÉE. ELLE A SES IMPATIENCES ET SES HUMEURS. ELLE NE SE LAISSE NI ÉTOURDIR, NI GRISER...»

Femme libérée

Au fur et à mesure qu'approchent les JO de Pékin 2008, Laure Manaudou évolue manifestement sur une autre planète. On avait fini par oublier son âge. Pourtant, elle n'offre plus le visage de l'enfant sage qui avait quitté Ambérieu en 2001. Elle est devenue une jolie jeune femme sensible et décidée. Il faut se méfier de cette apparence de fausse désinvolture souvent affichée. Elle a ses impatiences et ses humeurs. Elle ne se laisse ni étourdir, ni griser maintenant par cette splendeur qui l'accompagne. Laure est trop consciente que ce tourbillon prendra fin un jour. Elle est confrontée cependant à ses contradictions personnelles : mener une vie simple et interpréter le rôle d'une championne, à l'écart de la jet-set ou du monde du show-business, qui est constamment sollicitée et découvre en même temps les agréments de la notoriété et tous les plaisirs du luxe. Et puis, c'est une sentimentale qui ne s'en cache pas. L'amour la métamorphose. Elle a ses princes charmants et la France épouse un peu le rythme de ses battements de cœur. Toutes ces amourettes enchantent forcément des médias toujours aux aguets. Mais les risques d'effets collatéraux des idylles de Laure sur son activité sportive ne peuvent être tenus pour négligeables...

Laure continue malgré tout d'évoluer un peu dans sa sphère. La jeune adolescente n'avait guère d'intérêt autrefois pour les mathématiques, l'histoire et la géographie. Aujourd'hui, elle ne se passionne pas davantage pour la politique, le monde de l'actualité ou celui des affaires. Elle a conservé quelque chose d'étrange et d'insaisissable. Son caractère, lui, reste très affirmé. Coups de tête, et portes qui claquent, appartiennent plus que jamais au tableau et, surtout, à partir du début 2007. Les six ans partagés au bord des bassins avec Philippe Lucas peuvent exploser à tout moment. Laure déconcerte. Elle veut croquer la vie à pleines dents...

Comme Lancel, Arena n'hésite pas pour ses lignes de tenues de plage à utiliser le charme à la simplicité souriante de Laure. La Société des Bains de Mer de Monaco en a fait aussi une prestigieuse ambassadrice fidèle aux Masters de tennis (photo de droite).

Ciao bella !
virage à l'italienne

*"J'avais peur de CRAQUER.
J'ai failli tout arrêter.
Cela m'a rappelé Marie-Jo Pérec…
J'ai redouté qu'il y ait encore
des histoires à mon retour
en France. "*

elle, « va la faire craquer ». Quinze jours après Melbourne, la reprise de l'entraînement à Canet-en-Roussillon a été tendue. « Elle n'a plus envie de bosser ! » a constaté, fort dépité, Philippe Lucas. Quelques jours après, le 25 avril : enregistrement de « Vivement dimanche » au studio Gabriel avec Michel Drucker.

Tout le clan Manaudou est monté à Paris… sauf Luca Marin resté à Canet. Laure en direct à la télé n'en souffle pas mot. Pourtant, sa décision de partir en Italie retrouver son amoureux est prise. Marco Durante, le président du club de LaPresse à Turin, a même pris en catastrophe la route avec sa Porsche pour rejoindre Canet où une altercation l'oppose à Philippe Lucas. Mais la décision de Laure est irrévocable : elle met fin à six années de collaboration avec son coach. Après avoir salué tous ses amis comme Esther Baron, elle quitte Canet avec Luca, fait un crochet chez ses parents à Villieu-Loyes-Mollon, puis file en Italie.

Alors, Me Didier Poulmaire, le conseiller de Laure, organise, le mercredi 9 mai, une conférence de presse pour officialiser la rupture avec Philippe Lucas. Le nouvel entraîneur de Laure, Paolo Penso, est présent. Lucas la prévient : « Méfie-toi des gens qui vont t'entourer ! » Toujours licenciée au Canet 66 Natation, Laure s'entraîne désormais à Turin et à Vérone où vit Luca Marin. La Fédération française est en émoi. D'autant que Laure a renoncé au meeting de Canet en raison d'une micro fracture du métatarse gauche. Mais Laure a confirmé qu'elle « reste française ». Elle réserve une fameuse surprise à ses supporters pour les championnats de France à Saint-Raphaël (24-28 juin).

« Luca est l'homme de ma vie. Je reste française… mais mon cœur est en Italie. » Laure Manaudou, déjà décidée à quitter son entraîneur Philippe Lucas, donne une conférence de presse le 9 mai 2007, à Canet-en-Roussillon (photo de droite avec Paolo Penso sous l'œil de Didier Poulmaire), pour confirmer son départ à Turin où elle va retrouver son amoureux.

RTL

«LA SOLUTION FAMILIALE S'IMPOSE, AUTOUR DE NICOLAS MANAUDOU, LE FRÈRE AÎNÉ, 22 ANS. RETOUR ENVISAGÉ DE LAURE À AMBÉRIEU. ELLE SERA À PORTÉE DE VOL DE VÉRONE ET DE LUCA ! MAIS L'INCERTITUDE SUBSISTE…»

L'imbroglio

L'escapade italienne n'aura duré que trois mois… Laure avait brutalement tourné le dos à Philippe Lucas – et au club du Canet-en-Roussillon – le 1er mai 2007 pour rejoindre son amoureux Luca Marin à Turin et Vérone. « Il est l'homme de ma vie », avait-elle déclaré, convaincue de s'épanouir auprès de son bel Italien et de profiter de bonnes structures pour préparer les JO de Pékin. Elle souhaitait aussi alléger son régime d'entraînement… L'aventure s'annonçait scabreuse, selon Philippe Lucas. Il avait ironisé : « Quand ça ira mieux dans ta tête, je te reprendrai ! » Pourtant, le 26 juin, Laure subjugue son monde aux championnats de France, à Saint-Raphaël. Elle est dans une forme éblouissante. Victoire sur 400 m en 4'3"38, quatrième chrono mondial de tous les temps. Et le lendemain : son troisième temps sur 200 m en 1'57"48. La voici soulagée : « Après cinq semaines de repos, j'avais changé mes méthodes d'entraînement et j'étais stressée. »
Mais les premiers tiraillements se dessinent avec Paolo Penso, l'entraîneur du club de LaPresse à Turin. L'orage éclate même début août, lors de l'Open de Paris, à la piscine de La Croix-Catelan. Avec Penso, le dialogue est coupé : elle a refusé de disputer le relais. Marco Durante, président de LaPresse, réalise alors que Laure leur échappe. Le 6 août, il annonce son exclusion : « Laure est dehors. Elle ne fait plus partie de notre club ! » Détail aggravant : un contentieux à propos d'un contrat d'image. « Laure a été abusée », estime Jean-Luc Manaudou, son père. Totalement désorientée, Laure part en vacances avec Luca. Mais qui va l'entraîner au retour ? Réponse dès le 7 août : la solution familiale s'impose, autour de Nicolas Manaudou, le frère aîné, 22 ans. Retour envisagé de Laure à Ambérieu. Elle sera à portée de vol

Nicolas Manaudou, 22 ans, entraîneur de sa sœur Laure, 21 ans, championne olympique, qui pouvait l'imaginer ? Laure en froid avec son entraîneur italien est revenue en effet au milieu de l'été 2007 dans sa famille, à Ambérieu. Nicolas va l'aider à préparer les

TYR

Une vie chamboulée...

En cet automne 2007, et à moins d'un an des JO de Pékin, toute la France sportive est suspendue, voire désorientée par les changements permanents qui ont affecté en très peu de temps la vie de Laure Manaudou. Elle avait choisi en mai de s'émanciper et de partir en Italie ne supportant plus d'être éloignée de Luca Marin. Elle a quitté alors son entraîneur Philippe Lucas estimant notamment qu'il « continuait de la regarder et de la traiter comme une petite fille ». Et la voici en septembre, sur un nouveau coup de tête (mais justifié), revenue dans le cocon familial à Ambérieu-en-Bugey tout en affirmant : « J'avais tellement besoin de me ressourcer auprès des miens qui m'ont trop longtemps manqué. » Laure a donc loué une petite maison. Elle relève un nouveau défi fort délicat : se préparer avec son frère Nicolas, 22 ans, qui n'a pas le statut d'un coach de calibre international. On sent surtout que Laure est désormais guidée par une furieuse envie de se diriger elle-même… et d'écouter moins les autres.

Elle n'en maintient pas moins ses objectifs olympiques pour l'été 2008 même si, dit-elle, « plusieurs fois j'ai failli tout laisser tomber ».

Laure, persuadée que depuis quelques mois elle a beaucoup évolué, voudrait bien mener une vie moins trépidante. Mais elle admet que c'est dans son caractère : elle est d'humeur souvent très « changeante ». Néanmoins, les interrogations s'accumulent. Son frère Nicolas aura-t-il l'autorité nécessaire pour imposer quotidiennement le kilométrage requis à l'entraînement ? Le petit bassin de 25 m de la piscine d'Ambérieu convient-il ? Considérant qu'elle « a déjà tout gagné » possède-t-elle toujours la même « rage de vaincre » ? Comment résoudre le problème récurrent de sa tendinite à l'épaule gauche ? Et surtout va-t-elle retrouver toute sa sérénité pour repartir à la conquête de nouveaux lauriers olympiques à Pékin ? Tant d'incertitudes ! Le rendez-vous des championnats d'Europe en petit bassin heureusement se profile à Debrecen du 13 au 16 décembre. Il sera sans doute très révélateur…

particulièrement épiée. Noël approche, 2007 s'achève. L'année a été mouvementée. Une certaine inquiétude s'est installée. Voilà bientôt quatre mois qu'elle s'entraîne avec Nicolas, son frère aîné, à Ambérieu, ce qui n'est pas évident. Nicolas affirme cependant que sa sœur a bien travaillé et surtout s'est « reconstruite ». De son côté, Laure ne cache pas qu'elle est venue très motivée à Debrecen avec la ferme intention « de faire taire les critiques ». Jean-Luc Manaudou, le père, n'a cessé pour sa part de se réjouir d'un retour en famille « positif sur bien des points et forcément au plan affectif ». Du côté de la Fédération française, les liens aussi ont été renoués et Laure est très à l'écoute de Patricia Quint, la responsable du collectif féminin. Coup de théâtre : la rupture est bel et bien consommée avec Luca Marin…

En fait pour Laure, l'objectif principal à Debrecen est de prouver, chrono à l'appui, qu'elle reste souveraine sur sa distance de prédilection, le 400 m. La démonstration est assez stupéfiante : troisième chrono mondial en petit bassin avec 3'57"43. Elle a surclassé sa rivale italienne Federica Pellegrini. Trente-quatrième victoire consécutive dans une finale de 400 m depuis trois ans et demi ! C'est aussi son troisième titre européen en petit bassin. Laure, en dépit de tous ses avatars, continue de survoler le 400 m européen et mondial. Elle s'est aussi adjugé le titre du 100 m dos (record d'Europe en 57"34). En revanche, un incident l'a empêchée de décrocher une troisième médaille d'or au 200 m. Dans la chambre d'appel, le matin, en séries, son « ex-petit ami » Luca Marin est venu la menacer pour une histoire de bague. Laure, encore très perturbée, a dû céder en finale contre la Suédoise Josefin Lillhage…

Peu importe, l'horizon semble se dégager au-dessus de Pékin… et puis Laure est à nouveau amoureuse. Le « dossiste » de Mulhouse, Benjamin Stasiulis, est le nouvel élu de son cœur.

Toutes les hypothèses sont possibles après un été bien chahuté. Dans quelle forme Laure va-t-elle aborder les championnats d'Europe en petit bassin à Debrecen, en Hongrie ? Rayonnante en fait ! Non seulement elle semble d'un calme « olympien » aux abords du bassin, mais elle reste aussi souveraine au 400 m !

« RETROUVER MA FAMILLE
A ÉTÉ UN PASSAGE OBLIGÉ.
BIEN VIVRE
MA VIE PRIVÉE
ET MA VIE SPORTIVE
EST INDISPENSABLE.
ET, PLUS TARD,
J'AIMERAIS
DEVENIR
UNE MAMAN QUI
A TOUT RÉUSSI. »

Retour vers le futur

Laure de nouveau sereine
auprès de son père Jean-Luc

TYR
speedo

« IL N'Y AVAIT PAS D'AUTRE CHOIX
SINON ELLE AURAIT TOUT ARRÊTÉ ! »

Ambérieu, le cocon familial

Après le coup d'éclat de Laure à Debrecen, en décembre 2007, on mesure mieux le sens de cette réflexion de Jean-Luc Manaudou, en pleine tempête du mois d'août.

L'option familiale d'un retour à Ambérieu a bien été salutaire à la championne olympique. À son retour de vacances aux Maldives avec Luca Marin, le 28 août, Laure avait souhaité prendre alors un peu de recul. Puis elle a exprimé le 21 septembre son désir de préparer les JO de Pékin… à Ambérieu, tout en restant licenciée au club de Canet-en-Roussillon. C'est donc Nicolas, son frère aîné, qui l'a prise en main pour sa préparation à Ambérieu (bassin de 25 m) et Oyonnax (bassin de 50 m). Laure a tenu à préciser : « Avec Nicolas, j'ai retrouvé une entente. Si je m'entraîne bien, tout ira bien. Si je rate, ce sera de ma faute. Il faut maintenant penser au futur et faire tout pour que ça marche. » L'impression se précise : son moral qui s'était mis à battre de l'aile va nettement mieux. Elle a tourné la page du décevant feuilleton italien. À Turin, on lui disait qu'on l'adorait. Elle était choyée il est vrai comme une star. Un chauffeur venait la chercher en Maserati pour la conduire à l'entraînement. Et puis les nuages se sont amoncelés. Laure s'est sentie déboussolée… Seul refuge possible : le foyer familial. Trouver le réconfort auprès de papa Jean-Luc, maman Olga et les deux frères Nicolas et Florent.

Nicolas, 22 ans, est fier en tout cas d'entraîner sa sœur qu'il décrit néanmoins comme « un fort caractère nécessitant parfois de s'y prendre avec des pincettes ». Jean-Luc le père, totalement à l'origine du deal familial, mise sur la réussite du tandem : « Enfants, Laure et Nicolas se chamaillaient fréquemment. Depuis deux ans ils se sont beaucoup rapprochés l'un de l'autre. »

Laure surtout semble rasséréné : « Sans eux, je serais descendue très bas. Retrouver ma famille était un passage obligé pour surmonter tous mes tracas ! » a-t-elle avoué.

L'intermède familial de Laure à Ambérieu est une aubaine pour le clan Manaudou (sur la photo, Nicolas, Florent, ses deux frères, Olga sa mère), mais aussi pour cette petite ville de l'Ain si fière de sa championne olympique et du centre nautique qui porte son joli nom.

Esprit de clan

À nouveau, et comme lors de sa fugue romanesque en Italie pour rejoindre Luca Marin, la question se pose : Laure, en revenant s'entraîner à Ambérieu et en se plaçant sous la coupe de son frère, a-t-elle fait le bon choix ? Hier : un besoin d'amour. Aujourd'hui : la nécessité de se retrouver parfaitement au calme parmi les siens. Quels sont les vrais ressorts qui animent une championne souvent déconcertante, mais toujours étonnamment performante ? Laure est aujourd'hui une jeune femme de 20 ans sans doute riche et comblée, mais aussi fréquemment déstabilisée.

Son retour à Ambérieu s'est traduit par un vrai bonheur familial. Mais simultanément « toute la ville en parle ». Les Ambarrois sont ravis de la croiser en ville. Le nouveau centre nautique flambant neuf qui porte son nom connaît un regain de vie. Ambérieu Natation, le club de ses débuts, et dont elle est devenue la marraine, se réjouit de sa présence quotidienne dans le bassin où elle est suivie par Nicolas qui supervise également Florent, authentique espoir. Laure mesure chaque jour le chemin parcouru depuis que, petite fille de 8 ans, elle avait remporté, à Ambérieu, sa première médaille sur 50 m dos dans la « Coupe des Minots » en janvier 1994. Elle n'a pas oublié non plus son premier entraîneur, Lionel Mougeot, qui l'a conseillée de 1993 à 1998 – auquel Gérard Noury a succédé, de 1998 à 2001 – ni ses larmes quand elle perdait. Laure, attirée aussi à l'époque par l'athlétisme, la gymnastique, le handball, avait pour idoles Roxana Maracineanu et Franck Esposito. Elle se souvient aussi que lorsqu'elle a établi en 1999 la meilleure performance française des 13 ans au 100 m dos, tout est devenu clair dans son esprit : elle serait un jour championne olympique.

À Ambérieu, pendant quatre mois, tout a semblé se dérouler normalement. Et puis surprise lors d'un stage à Font-Romeu, en décembre, un bruit circule : Laure pourrait partir s'entraîner avec Lionel Horter, à Mulhouse...

De l'or avant Pékin

Sur sa trajectoire olympique vers Pékin, Laure Manaudou s'aventure par deux fois dans le Nord, à Eindhoven (Pays-Bas) pour les championnats d'Europe (18-24 mars), insolitement calendarisés, et à Dunkerque pour les championnats de France (20-27 avril), revue de sélection pour les jeux Olympiques.

Depuis son installation en Alsace, à Mulhouse, sous les ordres de Lionel Horter, son nouvel entraîneur, Laure Manaudou s'est préparée intensément et méthodiquement. En entretenant de surcroît un certain mystère sur son degré de condition physique à cinq mois de son échéance olympique.

En huit semaines, dans la piscine de l'Illberg, à Mulhouse, à raison de 80 km hebdomadaires, Laure s'est astreinte sous le regard scrutateur de Lionel Horter à une (nouvelle) exploration de la piste du dos. Pour glaner, dans les eaux d'Eindhoven, trois médailles : une d'or sur 200 m dos (2'7"99), une d'argent sur 100 m dos (avec le record d'Europe, 59"50), et une autre d'or par équipes sur 4 x 200 m. Ces performances s'inscrivent dans le plan, plus général, de sa préparation personnelle.

En combinaison « gagnante » ou pas – ce débat captive et divise les techniciens de la natation –, Laure Manaudou suit son programme avec Lionel Horter sans trop en dévoiler aussi bien sur sa forme du moment que sur sa marge de progression.

Dans une équipe de France euphorisée par les exploits d'Alain Bernard, double champion d'Europe et recordman du monde (50 m, 100 m) et aussi par les performances d'Aurore Mongel, Amaury Leveaux, Coralie Balmy et Hugues Duboscq, Laure est tout simplement olympique.

À Mulhouse, Lionel Horter l'a idéalement remise sur l'orbite olympique.

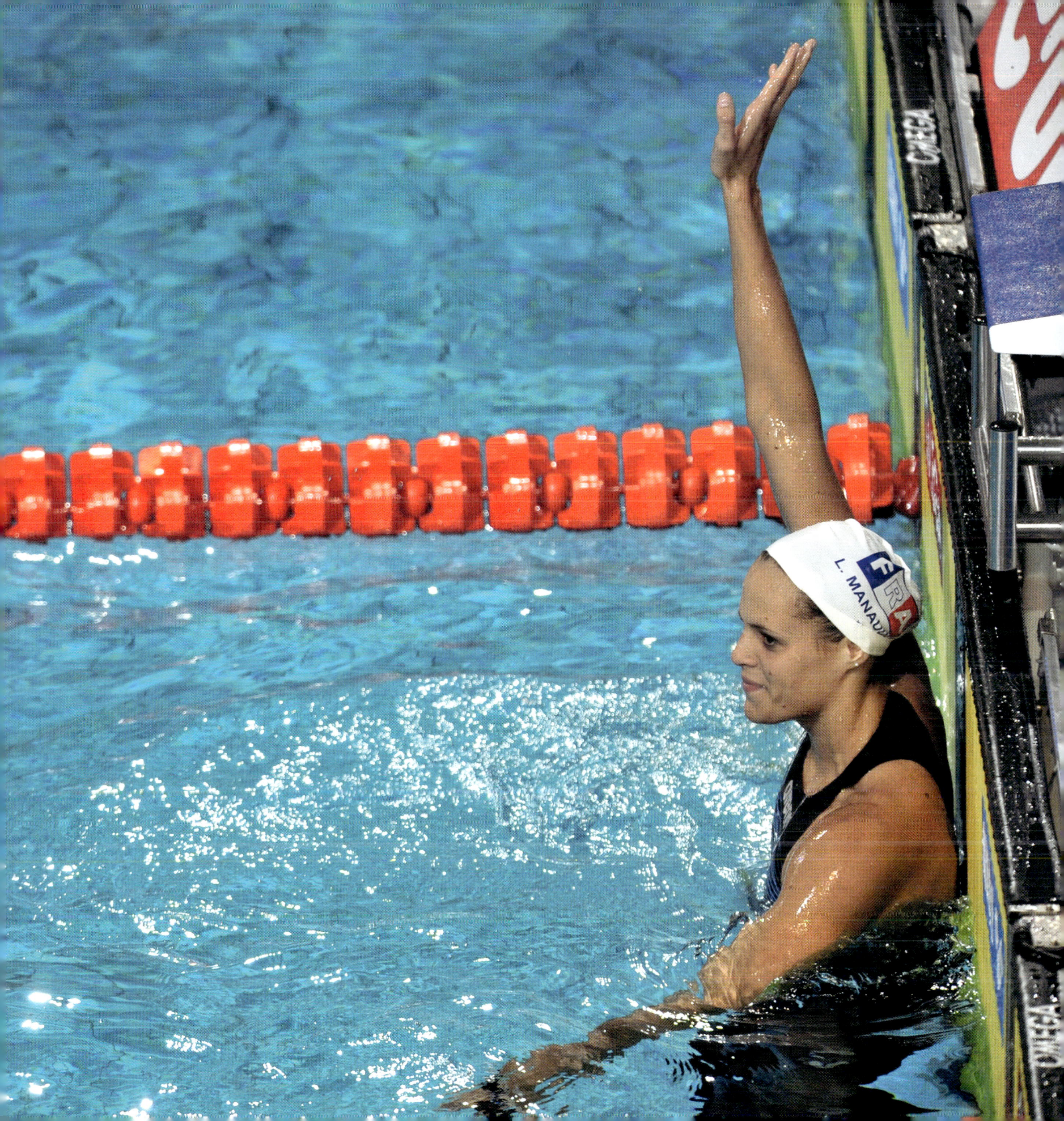
FRA
OMEGA

Laure Manaudou est née le 9 octobre 1986 à Villeurbanne, 1,80 m, 64 kg.

Palmarès

Ses clubs
USC Ambérieu Natation, CN Melun-Dammarie (puis Val-de-Seine), Canet 66 Natation.

Ses entraîneurs
Lionel Mougeot (1993-1998), Gérard Noury (1998-2001), Philippe Lucas (2001- mai 2007), Paolo Penso (mai 2007 à août 2007), Nicolas Manaudou (août à décembre 2007), Lionel Horter (janvier 2008).

Jeux Olympiques
or : 400 m (2004)
argent : 800 m (2004)
bronze : 100 m dos (2004).

Championnats du monde
or : 200 m (2007), 400 m (2005-2007)
argent : 800 m (2007), 100 m dos (2007) – bronze : 4 x 200 m (2007).

Championnats d'Europe
Or : 400 m (2004-2006), 800 m (2006), 100 m dos (2004-2006), 200 m dos (2008), 200 m 4 nages (2006), 4 x 100 m 4 nages (2004), 4 x 200 m (2008).
Argent : 100 m dos (2008).
Bronze : 200 m (2006), 4 x 200 m (2006), 4 x 100 m 4 nages (2006).

Records du monde
200 m : 1'55"52 (2007).

Records d'Europe
200 m : 1'55"52 (2007) – 400 m : 4'5"34 (2004), 4'3"03 et 4'2"13 (2006) 800 m : 8'19"29 (2006), 8'18"80 (2007) – 100 m dos : 59"87 (2007), 59"50 (2008).

En grand bassin, elle a remporté 28 titres individuels de championne de France avant Dunkerque (20-27 avril 2008).
En petit bassin, Laure Manaudou a enlevé 8 titres européens et détient le record du monde au 400 m (3'56"09), et les records d'Europe aux 200 m, 400 m, 800 m, 1 500 m et 100 m dos.

Les grandes dates

8 janvier 1994
Laure, entraînée par Lionel Mougeot, remporte, à 7 ans, sa première victoire dans le 50 m dos de la « Coupe des Minots » à Ambérieu.

5-7 juillet 2001
Laure remporte deux médailles d'argent aux 50 m et 100 m dos des championnats d'Europe juniors à Malte. Avec l'accord de ses parents, elle part bientôt s'entraîner avec Philippe Lucas au CN Melun-Dammarie. Il l'hébergera à son domicile.

12 juillet 2002
Championne d'Europe juniors sur 100 m dos à Linz.

13-20 avril 2003
À 16 ans, elle gagne cinq titres et quatre records de France dont le 400 m en 4'10"68, lors des championnats nationaux à Saint-Étienne.

9 mai 2004
Après avoir porté le record de France du 400 m à 4'8"72 lors des championnats de France à Dunkerque, elle décroche trois titres européens à Madrid sur 400 m (nouveau record en 4'7"90) 100 m dos et 4 x 100 m 4 nages.
Ses chances olympiques se dessinent.

15 août 2004
Laure, 52 ans après Jean Boiteux, devient championne olympique du 400 m à Athènes et bat le record d'Europe en 4'5"34 avant d'ajouter le bronze au 100 m dos, le 16 août, en 1'0"88 puis l'argent au 800 m, le 20 août, en 8'24"96.

20 novembre 2004
Record du monde du 1 500 m en petit bassin en 15'42"39, à La Roche-sur-Yon.

24 juillet 2005
Aux championnats du monde à Montréal, Laure a failli rater la finale du 400 m (8e temps en série) mais décroche finalement l'or en 4'6"44. Deuxième Française de l'histoire championne du monde après Roxana Maracineanu.

9 et 10 décembre 2005
Lors des championnats d'Europe en petit bassin à Trieste (3 titres), Laure bat les records du monde en bassin de 25 m sur 400 m (3'56"79) et 800 m (8'11"25).

12 mai 2006
Laure en 4'3"03 efface à Tours le vieux record du monde de Janet Evans au 400 m (4'3"85) qui datait de 1988… et empoche neuf titres nationaux dans la semaine.

27 juillet-6 août 2006
Quatre titres européens à Budapest (400 m-800 m-100 m dos et 200 m 4 nages), nouveau record du monde au 400 m le 6 août en 4'2"13, record d'Europe au 800 m en 8'19"29.

12 août 2006
Philippe Lucas et Laure annoncent leur départ de Melun pour le club de Canet-en-Roussillon.

9 décembre 2006
Record du monde sur 400 m en petit bassin, à Helsinki, en 3'56"09.

22 mars 2007
François Pinault, fondateur du groupe Pinault-Printemps-La Redoute et son fils PDG, François-Henri, deviennent partenaires de Laure pour cinq ans (1 million d'euros annuels).

25-31 mars 2007
Double championne du monde sur 200 m et 400 m à Melbourne, Laure réussit le deuxième chrono de l'histoire au 400 m le 25 mars en 4'2"61 et surtout établit un nouveau record du monde au 200 m, le 28 mars en 1'55"52 ! En prime, l'argent au 800 m (record d'Europe en 8'18"80) et 100 m dos (record d'Europe en 59"87), le bronze au 4 x 200 m.

1er mai 2007
Laure quitte officiellement Philippe Lucas à Canet-en-Roussillon pour rejoindre à Turin son fiancé Luca Marin.

24-28 juin 2007
Performances convaincantes aux championnats de France à Saint-Raphaël où Laure, après une blessure, remporte cinq titres et réalise surtout un remarquable 4'3"38 au 400 m (son 4e chrono). Elle détient désormais 28 titres nationaux en grand bassin.

6 août 2007
Séparation officialisée entre Laure et Paolo Penso, son entraîneur du club de LaPresse à Turin… où elle est remerciée. Laure part en vacances avec Luca Marin et envisage de retourner en famille à Ambérieu.

22 septembre 2007
Laure confirme que son frère Nicolas continuera de l'entraîner à Ambérieu.

13-16 décembre 2007
Laure reste souveraine au plan européen et mondial sur 400 m : victoire aux championnats d'Europe en petit bassin à Debrecen en 3'57"43. Avant les séries du 200 m, dispute avec Luca Marin… qu'elle vient de quitter.

24 janvier 2008
Après quatre mois à Ambérieu, premier entraînement officiel de Laure à Mulhouse sous la direction de Lionel Horter, ancien coach de Roxana Maracineanu. Elle se prépare aussi dans le cadre d'un « pôle France ».

18-24 mars 2008
Championnats d'Europe à Eindhoven illuminés par les records du monde d'Alain Bernard au 50 m (21"50) et au 100 m (47"60 et 47"50).
Laure est relancée : deux médailles d'or au 200 m dos (record de France en 2'7"99) et au 4 x 200 m, médaille d'argent au 100 m dos (record d'Europe en 59"50 en demi-finale).
Mais Federica Pellegrini lui a ravi son record mondial du 400 m (4'1"53).

avril 2008
Signature au Mulhouse Olympic Natation.

Palmarès arrêté au 24 mars 2008.

Origine des documents photographiques

p. 2 : AFP / Joe Klamar - p. 4 : Presse Sports - p. 6 : AFP / William West - p. 8 : Getty Images / Daniel Berehulak for FINA - p. 11 : AFP / Mark J. Terrill - p.12 : AFP / Pierre-Philippe Marcoup.15 : AFP / Antonio Scorza - p.16 : (première ligne de gauche à droite) Getty Images / Shaun Botterill ; AFP / Antonio Scorza ; Getty Images / Al Bello ; (deuxième ligne de gauche à droite) Getty Images / Adam Pretty ; Getty Images / Shaun Botterill ; AFP / Antonio Scorza ; (troisième ligne de gauche à droite) AFP / Antonio Scorza ; AFP / Gérard Julien ; AFP / Pierre-Philippe Marcou - p. 17 : AFP / François-Xavier Marit - p.18 : AFP / Antonio Scorza - p. 20 : AFP / Alain Jocard - p. 22 : AFP / Alain Jocard - p. 24 : (de gauche à droite) AFP / François Lo Presti ; AFP / François-Xavier Marit ; AFP / Jacques Munch ; AFP / Raymond Roig ; AFP / Éric Cabanis - p. 25 : AFP / Derrick Ceyrac - p. 26 : AFP / Éric Cabanis - p. 28 : AFP / François-Xavier Marit - p. 30 : AFP / Pascal George - p. 31 : AFP / Pascal George - p. 33 : AFP / Christophe Simon - p. 34 : AFP / François-Xavier Marit - p. 35 : AFP / Jean-Christophe Verhaegen - p. 36 : AFP / Alain Jocard - p. 37 : AFP / Alain Jocard - p. 38 : AFP / Éric Estrade - p. 40 : AFP / Éric Estrade - p. 41 : AFP / Attila Kisbenedek - p. 42 : Getty Images / Arpad Kuruc - p. 43 : AFP / Jakub Sukup - p. 45 : MAXPPP - La Montagne / Thierry Nicolas - p. 46 : AFP / Franck Fife - p. 47 : AFP / Torsten Blackwood - p. 48 : AFP / William West - p. 49 : AFP - STR / Zsolt Cegledi - p. 50 : AFP / Attila Kisbenedek - p. 53 : AFP / Lionel Bonaventure - p. 55 : AFP / François-Xavier Marit - p. 56 : Getty Images / Al Bello - p. 58 : AFP / François-Xavier Marit - p. 60 : Getty Images / Cameron Spencer - p. 61 : AFP / William West - p. 62 : Getty Images / Al Bello - p. 63 : Getty Images / Ezra Shaw - p. 64 : AFP / William West - p. 67 : AFP / Jeff Pachoud - p. 68 : 1 : AFP / Patrick Kovarik ; 2 : AFP / Philippe Merle ; 3 : AFP / Loïc Venance ; 4 : AFP / Christophe Simon ; 5 : MAXPPP - Le Parisien / Frédéric Dugit ; 6 : AFP / Stéphane De Sakutin ; 7 : AFP / Boris Horvat ; 8 : AFP / Christophe Simon ; 9 : AFP / Éric Feferberg - p. 71 : AFP / Olivier Laban-Mattei - p. 72 : D. R. (Montage Phil) - p. 73 : AFP / François Guillot - p. 74 : MAXPPP – Arena / Karine Belouaar - p. 75 : MAXPPP – MCP / Olivier Almondo - p. 77 : AFP / François-Xavier Marit - p. 78 : AFP / Éric Estrade -p. 79 : AFP / Raymond Roig - p. 80 : AFP - DDP / Marcus Brandt - p. 81 : AFP PHOTO - STR / Zsolt Cegledi - p. 82 : AFP - DDP / Marcus Brandt - p. 84 : Getty Images - Friedemann Vogel / Bongarts - p. 85 : AFP / Joe Klamar - p. 87 : AFP / Jeff Pachoud - p. 88 AFP - DDP / Marcus Brandt - p. 90 : MAXPPP - Le Progrès - Stéphane Guiochon ; MAXPPP - Le Progrès / L. Thévenot - p. 91 : AFP / Pascal Guyot - p. 92 : Presse Sports / Richard Martin - p.93 : AFP / Olivier Morin - pp. 94-95 : (de gauche à droite) AFP / Gérard Julien ; AFP / Joe Klamar ; AFP / Stan Honda ; AFP / Jean-Christophe Verhaegen ; AFP / Zsolt Czegledi ; AFP / François Lo Presti - 4e de couverture : Abacapress.com / Nicolas Gouhier - Presse Sport / Lahalle - AFP / William West - AFP / Jakub Sukup.

Couverture : AFP / Joe Klamar

Remerciements

L'auteur, ancien responsable des sports olympiques à *L'Équipe*, tient à rendre un hommage particulier à ses jeunes confrères de *L'Équipe* et *L'Équipe magazine*, Benoît Lallement, Jean-Baptiste Renet, Pascal Glo et Vincent Hubé, qui, avec leurs écrits, ont accompagné pendant six ans la carrière de Laure Manaudou et grandement contribué en même temps à la promotion de la natation française.

Directrice littéraire : Corinne Césano
Directeur de collection : Renaud de Laborderie
Secrétaire d'édition : Benoît Bontout
Création graphique & maquette : Philippe Caubit
Iconographie : François Bocquier
Fabrication : Laurence Ledru
Photogravure : APS

ISBN : 978-2-263-04648-3
Code éditeur : S04648
Dépôt légal : avril 2008
Imprimé en France chez Mame